MAMA DEUCE™

Por George Poppel

Etiqueta del tenis y las reglas del juego

MAMA DEUCE™

Por George Poppel

Etiqueta del tenis y reglas del juego

Ilustrado por Everfever

Traducido por Silvana Rinaldi

Inprint Books
P.O. Box 12184
La Jolla, California 92039

Este libro está dedicado a mis dos hermosas nietas, Caroline e Isabel.

Si en la cancha quieres reinar,

al tenis debes jugar.

Los modales deben ser respetados.

Si caminas en la cancha de otros,

un tonto serás considerado.

Lo más importante no es ganar.

Para ver quién saca primero, la raqueta debes hacer girar,

mientras tu oponente elige en qué lugar caerá.

Si pierdes, no te vayas a enojar.

Sé justo en tus cuestionamientos.

No objetes los tiros solo para ganar el punto.

Aunque la pelota toque la línea apenas,

el punto válido queda, no te apenes.

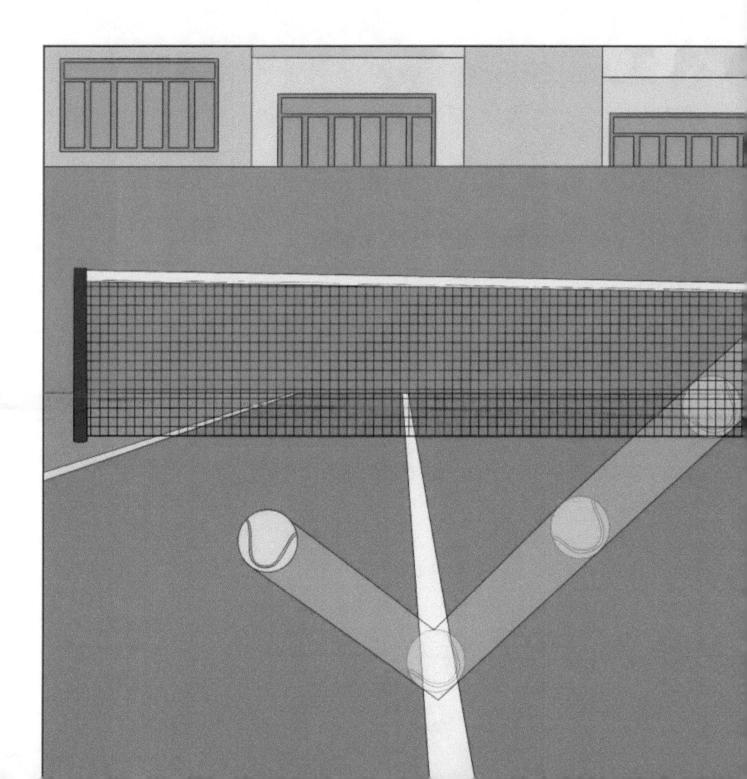

Primero, a llevar el puntaje debes aprender.

No es tarea difícil de hacer.

El primer punto vale quince.

El segundo treinta.

Luego viene cuarenta.

Con el cuarto, se define el juego.

CHAMPIONS TOURNAMENT

CAROLINE GREEN

15

ISABEL BLUE

30

Ahora bien, para ganar el juego,

dos puntos de ventaja debes llevar.

Si ambos tienen cuarenta, se llama *deuce*.

Es una especie de empate,

los dos jugadores por igual.

Pero, entonces, viene la secuela.

Los puntos de quien saca se suman,

los de quien recibe se restan.

CHAMPIONS
TOURNAMENT

ISABEL BLUE

CAROLINE GREEN

40

40

Por lo tanto, es juego o *deuce*.

Y si es *deuce,* siguen jugando

hasta que alguien gane dos puntos consecutivos.

Conocer esta regla es muy importante.

Quien gane seis juegos, ganará el set.

Luego los jugadores se saludarán en la red.

Pero para ganar, dos *sets* deberás haber conquistado.

Si ambos llegan a seis, un *tie break* de 12 puntos

juegan.

El primero en llegar a siete es el vencedor.

Mientras la diferencia sea de dos,

siguen jugando hasta que haya un ganador.

CHAMPIONS TOURNAMENT

ISABEL BLUE	CAROLINE GREEN
5	5

TIEBREAKER!!

Pero ganar no es lo más relevante.

La buena competencia es lo más gratificante.

Siempre es mejor perder un juego que a un amigo.

En tenis, ser amable y justo es lo más importante.

El Fin

CPSIA information can be obtained
at www.ICGtesting.com
Printed in the USA
JSHW030944230222
23217JS00005BA/124